Paso 1
Ingresa a www.openlightbox.com

Paso 2
Ingresa este código único
AVL65426

Paso 3
¡Explora tu eBook interactivo!

El puercoespín
Animales en mi patio
Iniciar
Comparte

AV2 es compatible para su uso en cualquier dispositivo.

Tu eBook interactivo trae...

Audio
Escucha todo el lobro leído en voz alta

Videos
Mira videoclips informativos

Enlaces web
Obtén más información para investigar

¡Prueba esto!
Realiza actividades y experimentos prácticos

Palabras clave
Estudia el vocabulario y realiza una actividad para combinar las palabras

Cuestionarios
Pon a prueba tus conocimientos

Presentación de imágenes
Mira las imágenes y los subtítulos

Comparte
Comparte títulos dentro de tu Sistema de Gestión de Aprendizaje (LMS) o Sistema de Circulación de Bibliotecas

Citas
Crea referencias bibliográficas siguiendo los estilos de APA, CMOS y MLA

Este título está incluido en nuestra suscripción digital de Lightbox

Suscripción en español de K–5 por 1 año
ISBN 978-1-5105-5935-6

Accede a cientos de títulos de AV2 con nuestra suscripción digital.
Regístrate para una prueba GRATUITA en www.openlightbox.com/trial

Se garantiza que los componentes digitales de este libro estarán activos por 5 años.

El puercoespín

Animales en mi patio

CONTENIDOS

2   Código del libro AV2
4   Este es el puercoespín
6   Su familia
8   Por la noche
10 Dientes anaranjados
12 Patas fuertes
14 Púas huecas
16 Comunicándose con sonidos
18 Dónde vive
20 Cómo protegernos
22 Datos sobre los puercoespines

3

Este es el puercoespín.

Tiene púas puntiagudas en casi todo el cuerpo.

6

De pequeño, vive con su madre.

De pequeño, aprende a buscar comida.

Es más activo por la noche.

Alimentos del puercoespín

- Bayas
- Flores
- Pasto
- Hojas
- Nueces
- Semillas
- Corteza de árbol

Por la noche, busca su comida.

Come con sus dientes de color anaranjado.

Con sus dientes de color anaranjado, mastica madera y semillas.

Con sus fuertes patas, trepa a los árboles.

Se protege con sus púas huecas.

Con sus púas huecas, puede flotar en el agua.

Hace muchos sonidos diferentes cuando se comunica.

Cuando se comunica, chilla, gime y gruñe.

Le gusta vivir a la sombra.

A la sombra, se siente seguro.

Casas del puercoespín

- Cuevas
- Árboles huecos
- Montículos de nieve
- Montículos de rocas

19

Si te encuentras con un puercoespín, puede levantar sus púas.

Si te encuentras con un puercoespín, aléjate.

Datos sobre los puercoespines

Estas páginas ofrecen información detallada sobre los interesantes datos de este libro. Están dirigidas a los adultos, como soporte, para que ayuden a los jóvenes lectores a redondear sus conocimientos sobre cada animal presentado en la serie *Animales en mi patio*.

Páginas 4–5

Los puercoespines tienen púas puntiagudas. El puercoespín es un animal regordete con cabeza redonda y abundante pelaje. Los puercoespines son famosos por sus púas puntiagudas y largas que le crecen en el lomo, los costados y la cola. El puercoespín puede tener unas 30 000 púas.

Páginas 6–7

De pequeño, el puercoespín vive con su madre. La hembra del puercoespín tiene un solo bebé por vez. El bebé, o cría, toma la leche de su madre. Comienza a comer plantas a los pocos días de nacer. Mientras está con su mamá, el bebé puercoespín aprende a buscar comida y a protegerse. Las crías de puercoespín abandonan a sus madres aproximadamente a los 6 meses.

Páginas 8–9

Los puercoespines son más activos por la noche. Son animales nocturnos. Esto quiere decir que prefieren buscar comida en la oscuridad de la noche. Durante el día, los puercoespines pasan la mayor parte del tiempo durmiendo y muchas veces se los puede ver acurrucados en lo alto de los árboles. Pero, a veces, los puercoespines también buscan alimento durante el día.

Páginas 10–11

Los puercoespines tienen dientes de color anaranjado. Los puercoespines tienen 20 dientes en total. Tienen 4 incisivos y 16 molares. Sus dientes son fuertes y sus incisivos nunca dejan de crecer. Se les desgastan naturalmente al comer. Los puercoespines usan sus dientes para masticar maderas y semillas duras.

Páginas 12–13

El puercoespín camina balanceándose lentamente. Las patas del puercoespín son cortas pero macizas. Sin embargo, el animal tiene pies fuertes con los que trepa a los árboles. Las suelas ásperas de los pies del puercoespín no tienen pelos y eso les permite aferrarse firmemente al tronco del árbol. Los puercoespines pueden golpear sus patas traseras contra el suelo cuando se sienten amenazados.

Páginas 14–15

Los puercoespines usan sus púas para protegerse de los depredadores. Si un puercoespín se siente amenazado, los músculos de la piel hacen que se le paren las púas. El puercoespín puede clavar algunas de sus púas en la piel del depredador. Si bien las puntas de las púas son sólidas, el resto de la púa es hueco. Eso le permite flotar en el agua.

Páginas 16–17

Los puercoespines se comunican haciendo diferentes sonidos. La hembra usa sonidos agudos cuando quiere atraer al macho. Los machos gimen en respuesta al llamado de la hembra. Además, los puercoespines gimen cuando buscan comida. Cuando un depredador se acerca demasiado, los puercoespines rechinan los dientes como advertencia antes de usar sus púas.

Páginas 18–19

La mayoría de los puercoespines prefieren vivir en lugares con sombra. Los puercoespines hacen madrigueras en lugares donde estén protegidos de los depredadores. Puede ser en cuevas, troncos de árboles huecos o caídos, montículos de nieve o lugares rocosos. El hogar del puercoespín suele cubrir una superficie de entre 25 y 35 acres (10 y 14 hectáreas).

Páginas 20–21

Las púas del puercoespín pueden lastimar. Los puercoespines no son animales agresivos. Antes de usar sus púas, intentan alejarse de las amenazas. Pero, si clavan sus púas en otros animales, incluidos los humanos y sus mascotas, las púas pueden ir introduciéndose gradualmente en el cuerpo y llegar hasta algún órgano importante, provocando una infección o lesión grave.

23

Published by Lightbox Learning Inc.
276 5th Avenue, Suite 704 #917
New York, NY 10001
Website: www.openlightbox.com

Copyright ©2026 Lightbox Learning Inc.
All rights reserved. No part of this publication may be reproduced, stored in a retrieval system, or transmitted in any form or by any means, electronic, mechanical, photocopying, recording, or otherwise, without the prior written permission of the publisher.

Library of Congress Control Number: 2024947237

ISBN 979-8-8745-1390-0 (hardcover)
ISBN 979-8-8745-1391-7 (static multi-user eBook)
ISBN 979-8-8745-1393-1 (interactive multi-user eBook)

102024
101724

Printed in Guangzhou, China
1 2 3 4 5 6 7 8 9 0   29 28 27 26 25

Designer: Jean Rodriguez
English Project Coordinator: Heather Kissock
Spanish Project Coordinator: Sara Cucini
English/Spanish Translation: Translation Services USA

Every reasonable effort has been made to trace ownership and to obtain permission to reprint copyright material. The publisher would be pleased to have any errors or omissions brought to its attention so that they may be corrected in subsequent printings.

The publisher acknowledges Alamy, Minden Pictures, Shutterstock, and Dreamstime as the primary image suppliers for this title.

24